TODO LO QUE ODIAS DE TU SIGNO (Y TODAVÍA NO SABES)

GÉMINIS

TODO LO QUE ODIAS DE TU SIGNO

(Y TODAVÍA NO SABES)

GÉMINIS

Una guía para sobrevivir a ti mismo

temas de hoy

168

Edición a cargo de Charas Vega
Corrección de estilo a cargo de Alba Armario

Desarrollo editorial: Anónima Content Studio
Redacción: Catalina Torres-Benjumea / María José Fermi
Cuidado editorial: Equipo Editorial Anónima Content Studio
Diseño: Anónima Content Studio / Lyda Sophia Naussán R.
Imágenes de interiores: © FreePik
Ilustración de la cubierta: Anónima Content Studio / Sheila Norma Alvarado Peña

Primera edición en español:
© 2023, Editorial Planeta Mexicana, S.A. de C.V.
Bajo el sello editorial DIANA M.R.

© Editorial Planeta, S. A., 2024
temas de hoy, un sello editorial de Editorial Planeta, S. A.
Avda. Diagonal, 662-664, 08034 Barcelona (España)
www.planetadelibros.com

Primera edición en esta presentación: septiembre de 2024
Segunda impresión: noviembre de 2024
ISBN: 978-84-19812-79-7
Depósito legal: B. 12.100-2024
Composición: Realización Planeta
Impresión y encuadernación: Huertas Industrias Gráficas, S. A.
Printed in Spain - Impreso en España

«No tenemos que avergonzarnos
de coquetear con el zodiaco.
Vale la pena coquetear
con el zodiaco.»
D. H. Lawrence

ÍNDICE

PRÓLOGO

El primer signo que piensa más allá, se deja llevar por las ideas y los conceptos. Es decir, estamos ante un niño de diez años.

Géminis es un signo mutable, por eso su complementario es Sagitario, que hace el mismo gesto que los gemelos, puede pensar dos cosas contradictorias al mismo tiempo y que las dos tengan sentido.

Lo llaman «el dos caras» porque tiene dos personalidades muy marcadas. A las personas que no conozcan el Géminis interior les puede sorprender, pero no es que te mientan, sino que conviven en él dos gemelos bien distintos.

Son gente con mucha cultura, con mucho mundo interior, que siempre busca aprender algo nuevo y se obsesiona por las modas. Con ellos nunca te aburres.

Son pulmones, porque si de algo pecan los Géminis es de hablar por un tubo. Les representa Mercurio, que es el planeta de la comunicación y la curiosidad. Al tener un carácter tan extremo, si te cruzas con un Géminis en plan mal... Es normal que tengan fama de ser uno de los peores signos: un Géminis malo es cruel y estratega. Eso sí, al mismo tiempo pueden ser sociables y encantadores. Con un millón de amistades.

Charas Vega (@charcastrology)

INTRODUCCIÓN

Todos hemos escuchado hablar de los horóscopos. Están en nuestra vida diaria, casi casi en nuestro ADN: que tu amiga comenzó a salir con un Piscis, que tu jefe resultó ser Leo o que por alguna razón eres muy organizada, y casualmenete eres Virgo. Pero hay más que eso. La astrología influye en ti y tus relaciones con el universo en general.

En este manual para la vida te invitaremos a reconocerte en aquellas cosas que odias de tu signo (y todavía no sabes). Creemos que en la oposición están también las fortalezas; en reconocer lo que somos y lo que no. Hacer tuyo todo esto te hará mejor. ¿No es así, Escorpio? ¿Te suena, Acuario? Así que hemos recopilado todo aquello que no quieres reconocer y te lo hemos dejado bien clarito para que no te quepan dudas y puedas interactuar mejor con los demás y, por supuesto, contigo mismo.

Unas cuantas reglas de este universo

Te pedimos que dejes la lógica fuera —va para los Virgo—, y que después de leer esta guía analices tu vida e intercambies ideas y opiniones —sigue tu propio ejemplo, Géminis—. Lo que deseamos es que no te inventes historias en la cabeza; si eres Cáncer, ese mensaje es para ti, claramente. ¡Haz caso a las estrellas y déjate llevar!

Pero antes de empezar te pedimos que no dejes que nuestro tono sarcástico o nuestra ironía afecte tu sensibilidad, hay que tener sentido del humor en esta vida; hay que aprender de Sagitario. Nosotros hemos gozado escribiendo este manual de vida desde el humor negro. Primero, porque esa es una estrategia para afrontar mejor el estrés o algunos eventos críticos de la vida. Segundo, porque ayuda a reconocer cuando te equivocas —toma nota, Aries—. Y tercero, porque simplemente es más divertido hacerlo así.

El escritor estadounidense Mark Twain —típico Sagitario— lo definió de este modo: «El ser humano solo tiene un arma efectiva: el humor». A lo que el poeta francés Jean de Santeul —otro Sagitario— añade: *Castigat ridendo mores*, es decir: «Corrige las costumbres riendo». Así que nos lo hemos tomado en serio y en esta guía te mostraremos un camino que va por ese lado.

LOS 12 SIGNOS DEL ZODIACO

Este no es uno de esos libros de horóscopos que romantiza la astrología y solo ve lo bueno de los signos, ese que ya tanto conoces y que has leído desde siempre. Aquí te vamos a decir «lo rudo» de los signos, por así decirlo. La verdad salvaje de cada uno, sin anestesia. Mejor dicho, este es un ANTIHORÓSCOPO: una guía de todo lo que no son, y que en realidad los pinta de cuerpo entero. Agarraos que allá vamos.

ARIES

21 de marzo–19 de abril

Aries, tú no conoces el límite. Con tu cornamenta lo empujas siempre para demostrar que puedes hasta con lo inalcanzable, incluso si acercarte a las llamas significa que puedas quemarte de vez en cuando. Eres puro fuego, pasión e impulso. ¿Ser uno más de la manada? Imposible. ¡Jamás! Tú no naciste para seguir al resto, sino para liderar.

Elemento: Fuego - **Regente:** Marte

TAURO

20 de abril–20 de mayo

Tauro, tú no naciste para sufrir. Eres un gozador nato. No entiendes cómo hay gente que no disfruta todos los placeres de la vida a cada momento, en cada instante. Aunque puedas parecer muy hedonista, la realidad es que —como buen toro— tienes los pies sobre la tierra. Eres confiable y estable. Eso sí, lo testarudo nadie te lo quita.

Elemento: Tierra - **Regente:** Venus

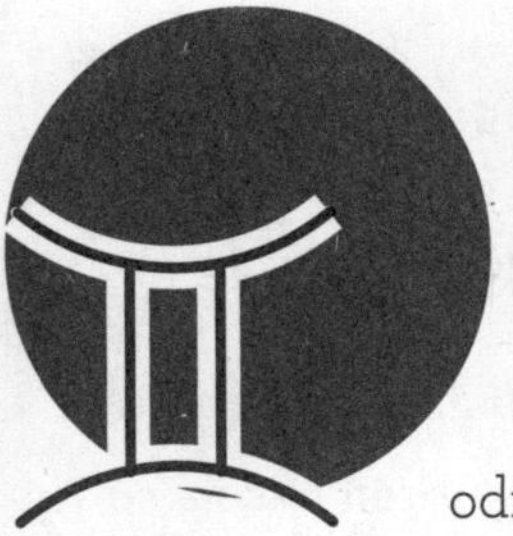

GÉMINIS

21 de mayo–20 de junio

Arriba o abajo. Blanco o negro. Amor u odio. Géminis, a ti el punto medio te da alergia. A ti lo que te gusta son los extremos, puedes pasar de un extremo al otro como quien cambia de ropa interior a diario. Te habita un par de gemelos que van a su estilo, los dos muy guapos, muy hermosos; ellos son los reyes de la calma y de las buenas bromas.

Elemento: Aire - **Regente:** Mercurio

CÁNCER

21 de junio–22 de julio

Cáncer, tú que odias la inestabilidad y las ambigüedades, siempre estás listo para zambullirte en el mar de emociones que es la vida. ¿Viene una ola de alegría? Ahí estás. ¿Viene una ola de tristeza o mal humor? ¡Caparazón, para eso te tengo! La intuición pocas veces te falla, por eso eres el consejero del zodiaco, aunque tu sensibilidad a flor de piel a veces te traiciona.

Elemento: Agua - **Regente**: La Luna

LEO

23 de julio–22 de agosto

Confiesa, Leo, cuando entras en una habitación piensas para ti: «Abran paso a su alteza, rey de la selva, primero de su nombre, señor de las constelaciones y protector de todo el reino zodiacal». Y es que naciste para brillar y liderar. Aunque a veces ese poder se te suba a la cabeza y reines en la oscuridad de tu propia soberbia.

Elemento: Fuego - **Regente:** El Sol

VIRGO

23 de agosto–22 de septiembre

Vamos a delatarte, Virgo. No hay nada que te saque más de quicio que te cambien los planes. Tú no dejas nada fuera de orden, eres amante de las hojas de Excel y las agendas. Si de último minuto te cancelan una cita, no hay poder humano que te haga aceptar otra. Tienes un espíritu eficiente y perfeccionista que no puedes con él.

Elemento: Tierra - **Regente:** Mercurio

LIBRA

23 de septiembre–22 de octubre

Que no te pidan enfrentar un conflicto o tomar una decisión radical, Libra. Tú eres el amo y señor de los matices. Te sientes cómodo moviéndote en un sinfín de tonos grises. Como buena balanza que eres buscas el equilibrio, pero sueles tener respuestas que no son «ni fu ni fa». Ahora bien, lo que te sobra de indeciso lo tienes de sobra en acto y espíritu conciliador.

Elemento: Aire - **Regente:** Venus

ESCORPIO

23 de octubre–21 de noviembre

Ni olvido ni perdón. Los que dicen que los monstruos no existen no te conocen enfadado, Escorpio. Y una vez que clavas el aguijón no hay vuelta atrás. No hay disculpa que sirva; «ojo por ojo y diente por diente» es tu ley. La memoria es tu aliada, pues tampoco olvidas los buenos gestos que otros han tenido contigo. Magnético y pasional, andar a tu lado es abrazar el misterio y saltar al vacío sin saber si el paracaídas abrirá o no.

Elemento: Agua - **Regente:** Plutón

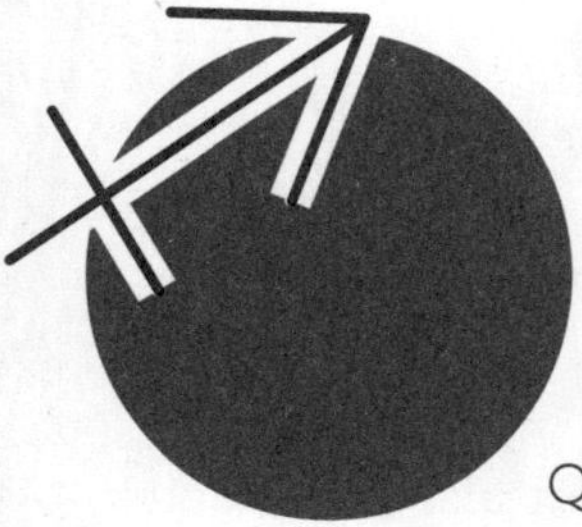

SAGITARIO

22 de noviembre–21 de diciembre

No tener planes no es lo tuyo, Sagitario. Quedarte quieta o quieto, tampoco. Los días duran 24 horas, pero los tuyos tienen 30. Si no tienes nada que hacer, te lo inventas. Eres pura aventura, vives para intentar cosas nuevas: viajar a lugares desconocidos, degustar platos exóticos y probar cuanta posición en la cama tu cuerpo te permita.

Elemento: Fuego - **Regente:** Júpiter

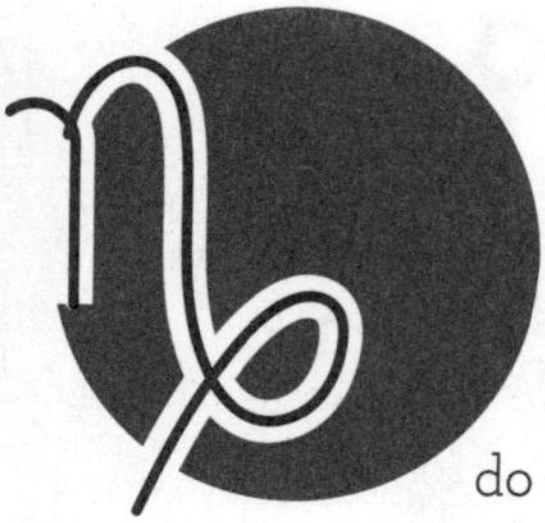

CAPRICORNIO

22 de diciembre–19 de enero

Para ti, Capricornio, no existe peor pecado que no cumplir una promesa. La palabra es palabra; si no, azote. Tú ordenas tu mundo con una línea imaginaria que divide todo lo que está bien de lo que está mal y más les vale —¡y a ti también!— estar del lado correcto. Si la vida es una montaña, tú naciste para treparla y llegar a la cima, aunque cueste sangre, sudor y lágrimas.

Elemento: Tierra - **Regente:** Saturno

ACUARIO

20 de enero–18 de febrero

¿Seguir las reglas del juego? Eso nunca. Las pautas y normas no se inventaron para ti, Acuario. Tú estás lejos de ser casto y puro. Eres libertino y cuestionas hasta el cansancio. Buscas nuevos caminos para innovar y, ¿por qué no?, liberar todo aquello que consideras injusto. Lo que tienes de audaz e intrépido, también lo tienes de impredecible y esquivo.

Elemento: Aire - **Regente:** Urano

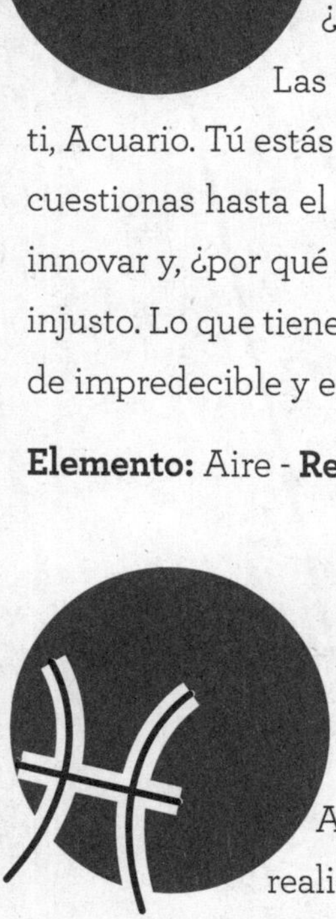

PISCIS

19 de febrero–20 de marzo

A ver si Piscis nos presta atención. Deja tu realidad paralela un segundo, por favor. Sabemos que no te gusta sentirte preso y que tu respeto por las convenciones es tan abstracto que dejas que todo fluya por otro lado. Si las cosas se ponen difíciles, te esconderás entre los corales; pero cuando estés preparado, ¡vaya!, saldrás a la superficie para dar un coletazo si te desafían.

Elemento: Agua - **Regente:** Neptuno

GÉMINIS

EL ÚNICO SIGNO

CAPAZ DE

encontrar

LA VERDAD

EN LAS mentiras.

ANIMAL

Eres un zorro viejo, eres un camaleón, eres un tierno koala y también una serpiente. El caso es que, para ser brutalmente honestos, nadie se pone de acuerdo en cuál es el animal que puede representarte, Géminis. Y por más que hemos preguntado, los astros se niegan a revelar el secreto.

Eres uno de los signos que menos entendemos y es muy difícil meterte en una sola categoría. A algunos les pareces un ser genial, un espíritu libre que es necesario tener cerca; otros sienten que eres una amenaza para la salud mental de cualquier especie, y la verdad creemos que eres un poco de las dos... y muchas otras características más que te iremos contando en el camino.

CONSTELACIÓN

Tenemos que admitir que tu constelación tiene un poquito más de forma que las dos primeras —Aries y Tauro—, Géminis. Por lo menos se pueden ver dos líneas paralelas que de alguna manera se pueden asociar con unos gemelos. Los griegos cuentan que Leda tuvo sexo maravilloso con su esposo y también con Zeus en forma de cisne, de esta manera quedó embarazada de unos gemelos: Pólux y Cástor. Cástor era mortal y Pólux no. Aquí no se cuestiona a Leda, pero haremos énfasis en que de entrada la historia no da para que seas el signo más normalito del zodiaco. El caso es que, como en todos los dramas griegos, Cástor murió y Pólux le pidió a su papá —el cisne— que lo reviviera y volviera inmortal. Y ¿cómo se podría resistir el dios al pedido de su hijo? Total, un gemelo quedó en el Olimpo y el otro en el mundo de los muertos, pero inmortal.

SÍMBOLO

Un par de gemelos juguetones representan a tu signo, Géminis, para que no te olvides de la dualidad, de lo bueno y lo malo, lo bonito y lo feo, etc. Parece muy aburrido si lo pones así, pero no tan aburrido si te conocen. Eres fascinante, tienes el poder de ser todas las personas, de tener todos los humores en un mismo día sin dejar de ser tú. Admirable y complicado, porque nunca sabemos con cuál de tus versiones nos vamos a encontrar cada vez que te vemos y tampoco cuánto te va a durar. A veces sospechas que tienes más de una personalidad, y puede que sí. La razón es que eres Géminis. Solo alguien nacido en esta época del año puede sobrevivir y disfrutar lo que implica la logística de ser tú.

PLANETA REGENTE

Premiado con la gracia de la palabra y la rápida mensajería, o sea, del chisme. Mercurio te da el don de la comunicación, del éxito comercial, la inteligencia extrema. Pero no te dieron concentración, y aunque parezca que escuchas a tu interlocutor con toda la seriedad del caso, en tu cerebro estás pensando en la ceja despeinada que tiene, que no has llenado la despensa y que qué bonito sería estar en París en esta época del año.

Además te dieron la astucia para caer siempre de pie y, sin poner atención, responder acertadamente y con las ideas justas hasta para conseguir la paz del mundo.

Eres el mensajero designado por los dioses para contar todo; no es que seas chismoso, solo estás haciendo lo que te mandan los dioses. ¡Punto para los gemelos!

ELEMENTO

Si existe un ser creador, tú eres su chiste favorito. No le bastó crearte como este ser que es todos los seres a la vez, con falta de concentración y trastorno de personalidad, a esto le vamos a sumar que eres el primer signo del elemento aire. Volátil, cambiante y siempre en las nubes, haces lo que quieres porque ¿quién es capaz de encerrar al aire?

Eres soñador, distraído y solitario, porque no a todas tus versiones les gusta socializar y le tienes terror al compromiso. Aun así, todos se quieren ir de fiesta contigo porque eres muy divertido, otro de tus talentos si te levantas del lado correcto de la cama.

Ser aire te hace andar también en las nubes, en tu mundo propio y bajo tus reglas. Eso te hace ser a veces un poco (bastante) críptico. Un día odias el frío, al otro eres el presidente del #TeamInvierno; por la mañana estabas liándola parda y para la noche ya solo te apetece un poco de *Netflix and chill*. Nadie dice que no cambies, solo no te quejes de que ninguno te entienda; eres más difícil de leer que el manual de instrucciones en chino de algún aparato. ¡No te ofendas!

PERSONALIDAD

¿QUÉ NO ERES, GÉMINIS?

Es hora de aclararle al mundo de una vez quién eres, Géminis. Tú no tienes doble personalidad, tienes mil. La pareja que te atrape no tendrá necesidad de salir con otras personas porque eres muchas y muy diferentes hasta en un mismo día, o una misma hora. Como estás regido por Mercurio se te da con mucha facilidad comunicarte, si estás en la personalidad correcta. Si no, huye de la humanidad, te lo imploramos. Hazlo por nuestro bien común.

Ser tú es ser como una ruleta rusa, no sabes cuál de todas tus personalidades se va a levantar por la mañana, ¡ES UNA SORPRESA PARA TODOS! Sobre todo para ti. Y no es broma. Sin embargo, aun con la personalidad más oscura de todos los universos perversos geminianos, no logras mantenerla durante todo el día, se te olvida; tu memoria no está configurada para ser uno todo el tiempo. Vas, literalmente, a tu aire; cambiante y volátil; dulce y veloz, como las aves al vuelo. A veces eres frío y seco, como gregario, el viento del noreste, o cálido y húmedo como los alisios en el continente americano.

Al que no le gusta lo hermoso

Te gusta ganar, no para ser el primero en todo o para mostrar tu poder, sino porque disfrutas las guerras de palabras, las ideas y la manera de decirlas. Es lo único que necesitas para sacudir a cualquier don nadie que se crea inteligente. Tu corazón está en el cerebro y no se enamora con chocolates o flores, ¡para nada! Te gustan las personas poderosamente inteligentes y haces lo que sea para acaparar su atención. Claro que si se ponen muy pesados, y cometen el pecado de aburrirte, adiós y que venga el siguiente.

No hay nada más peligroso para ti que el aburrimiento. Las personas hermosas son para cualquiera; lo tuyo es medir inteligencias y que te mantengan entretenido. El hecho de ser aire no quiere decir que no seas apasionado y fogoso, tu curiosidad y la fobia a las rutinas te hacen muy versátil y creativo a la hora de un revolcón emocionante e intenso.

Además de todas las ventajas que conocemos, te puedes salir de tus pensamientos, y eso vaya que te hace bien. La atención no te da para ser tan terco, pero si te encuentras con un reto no te reconocerían, no sabemos de alguien más dedicado que un Géminis al que hayan desafiado. Los amores imposibles ¡te encantan!, y si bien tanto tú como nosotros sabemos que no siempre tienen finales felices, son tu debilidad.

Géminis no viene con manual

No es fácil entenderte, Géminis: quieres enamorarte y unas semanas después odias el amor. Es normal que te mueras de ganas por hacer un plan, que hagas todos los arreglos en la semana y justo el día que todo está listo te dan ganas de ponerte el pijama, ver *chick flicks* y ¡no vas! Y no te importa, puedes estar perfectamente feliz; no es una venganza, no quieres llamar la atención, tan solo pierdes las ganas como las llaves de tu casa.

Es muy difícil hacerse una idea de quién eres, pero es por eso que también llamas tanto la atención: a los mortales nos interesan los bichos raros como tú. Te encanta tener el pelo larguísimo un día y al siguiente estás de lo más feliz por habértelo cortado, ¿cómo lo haces? Y ni empecemos a hablar de política, religión o corrientes filosóficas. ¡Qué especie tan interesante!

Por otro lado, si un plan no va bien tienes el poder de hacer otro que salga mejor, pues eres muy flexible y creativo. Te pueden cambiar los planes mil veces, y si estás con el gemelo bueno te mueres de risa y vuelves a empezar; lo importante es pasarlo bien. Pero cuando te levantas cruzado con el otro gemelo se te apaga la llama y te vuelves callado, amargado y te conviertes en un aguafiestas, y es porque te hace falta aire. Necesitas sentirte libre y dar todos los rodeos que quieres, ser tan poco claro como te dé la gana. Te encantan los juegos y eres demasiado bueno seduciendo. Te cuesta mucho fingir interés cuando las personas no saben lo aburridas que son.

DEFECTOS

Dory, el personaje de *Buscando a Nemo*, tiene el poder de poner más atención que tú. Y no estamos exagerando (bueno, quizá un poquito, pero no lo recordarás). Eres despistadísimo y es muy difícil mantener una conversación contigo de un solo tema.

Te enamoras de todo y de todos, pero dura más un estornudo que tu amor. Esto hace que cualquiera se confunda, porque lo dices de una forma tan especial y diferente que lo quisiéramos escuchar en repetidas ocasiones, pero el miedo que le tienes al compromiso, de cualquier tipo, te hace poco confiable y huyes con mucha frecuencia.

Eres caprichoso y embaucador profesional, Géminis. No hay nadie que manipule con tanta maestría como tú.

LO QUE TE HACE SUPERIOR

Todos sabemos por qué la gente dice que no eres confiable, Géminis. Un día dices una cosa y al otro —o más tarde ese mismo día— dices lo contrario. En tu defensa, sabemos que cuando dices las cosas las crees desde lo más profundo de ti, el problema es que tienes varias profundidades... Y todas se sienten tan reales que ni tú sabes con cuál te identificas. Pero en el fondo sí sabes: te identificas con todos y que los otros vean cómo lo resuelven, tú no tienes la culpa de tener la capacidad de ponerte en todas las posiciones y sentirlas como tuyas. Casi puedes salirte con la tuya si no hay un Capricornio cerca, con su disciplina, seriedad y rigidez para verlo todo en blanco o negro.

TU PEOR INSULTO

Géminis, tu tendencia es a que se te resbalen los insultos, les sonríes y hasta te burlas de ti mismo. Pero tu talón de Aquiles es:

- Que te digan «bruto».
- Que te vean la cara de tonto.
- Que no te crean cuando estás enamorado de verdad.
- Que te planifiquen una reunión de trabajo un viernes a las 6 p. m.
- Que te ignoren.

«EL LÍMITE NO EXISTE»

Géminis, sabemos que eres indomable y que te encantan las experiencias diversas y con la mayor cantidad de gente posible para poder aprender de todos. Hasta que llega un Libra, perdón, un día en el que aparece esa persona inteligente, amable, que acepta todas tus versiones y se divierte con ellas. Y el aire que te hace volar solo vuela hacia esa persona y eres capaz hasta de aburrirte sin huir. Suena a bonito cuento de hadas, pero deja de serlo cuando te olvidas de la cantidad de seres auténticos que eres y no pones límites. Te conviertes en lo que crees que el otro quiere que seas, perdiendo la capacidad de ser tú mismo, y lo más seguro es que te dejes pasar por alto y pierdas todas las personalidades divertidas... te posee el gemelo amarguetas.

Nadie te pidió que dejaras de ser tú, te pusiste la cadena en el cuello solito y ahora te sientes asfixiado y empiezas a volverte huidizo y distante sin que el otro sepa qué es lo que te pasa.

TU LADO *DARK*

El peor pecado de un Géminis es tener esos cambios de humor repentinos. En un momento estás feliz, te ríes de todo, la vida es bella y cuando regresas del baño te ha poseído la tristeza de Igor, el burro de Winnie Pooh. El mundo se desencaja porque no entiende qué te pasó y a ti te parece que es normal, que el mundo en general cambia de modo sin que le pase nada. Pues no, tus múltiples personalidades y humores en un día son exclusivos tuyos; tienes el elemento aire, más los gemelos, signo dual, y por si fuera poco, eres un signo mutable. No sé cómo no te han encerrado en un manicomio; la respuesta es que eres brillante también.

ASESINOS EN SERIE

Géminis es un signo astuto y que puede llegar a ser frío y manipulador si la ocasión lo merece.

Sin duda es un signo que podría salirse con la suya gracias al don de la palabra que posee y que jamás sería condenado. Su tendencia a manipular y su facilidad para ponerse una careta y, cuando quiere, ser la persona más carismática del lugar hace de Géminis el vecino perfecto que esconde un cuerpo en su garaje.

Por otro lado, en la balanza de las cosas que le podrían salir mal a los Géminis tenemos su tendencia a ser unos bocazas.

Jeffrey Dahmer: El bueno de Jeffrey era un claro ejemplo de cómo ser una persona muy amable con sus vecinos, no levantar sospechas y, a la vez, ser un vil asesino. Un Géminis en su peor fase: frío, manipulador y narcisista.

The Son of Sam: El hecho de que su respuesta al juez a la pregunta «¿por qué los mataste?» fuese «porque me lo dijo el perro» es, sin duda creativa. Y, aunque totalmente ilógica, en su mente de Géminis era la solución perfecta para salir airoso de la situación.

MODA

Si hay un signo original y que no tiene miedo a experimentar, ese es Géminis. Un signo que se dejará guiar por un instinto más que certero para la estética. La mezcla de colores y estampados es un gran *must* para cualquier Géminis que se precie.

Una prenda que caracteriza a casi todos los Géminis que conozco es una camiseta básica con una referencia cultural sobre algo que muy poca gente conozca: un meme, una serie o un chiste sobre física cuántica.

Si eres un Géminis interesado por la moda, lo más normal es que te pases horas investigando sobre marcas pequeñas y prendas en desuso para así tener el armario más único de la ciudad.

PLAYLIST

Canciones Géminis de artistas Géminis:

- Princess Nokia — *Gemini*
- Kendrick Lamar — *Alright*
- CupcakKe — *Mickey*
- Beabadoobee — *Last Day On Earth*
- Troye Sivan — *One Of Your Girls*
- The Beach Boys — *Don't Worry Baby*
- Stevie Nicks — *Edge of Seventeen*
- Bob Dylan — *It Ain't Me Babe*
- Alanis Morissette — *Ironic*
- Kanye West — *Ghost Town*

PERSONAJES FICTICIOS

Elle Woods, de *Una rubia muy legal*

Tu primera impresión al ver a Elle encabezando la lista de personajes ficticios de Géminis... De la misma forma que este signo nunca es lo que parece, hay cierta tendencia a subestimar su potencial debido a algunos comportamientos juveniles o superficiales. Géminis y Elle te dan un toque de humildad recordándote que por vestir rosa y tener cierta inocencia no se es menos lista que nadie.

Doctor House

Cínico, bromista a su manera, eternamente niño. Piensa que la vida es un juego y no duda en manipular a pacientes y compañeros del trabajo para conseguir su objetivo (al tener una mente privilegiada y cierto carisma, se le perdona todo). Vaya, siento que acabo de leer una descripción del signo de Géminis.

Asno, de *Shrek*

Carismático, gracioso casi sin querer y muy muy pesado. Aun con todo tiene buen corazón y se le echa de menos (incluso a sus chistes malos) cuando no está invitado a la fiesta. Otra característica muy Géminis es acabar con la persona que menos le pega y que de alguna manera su relación funcione.

PERSONAJES REALES

Henry Kissinger

Géminis es el rey de la manipulación, sabe cómo hacerte creer que es buena persona siendo el mayor demonio que ha pisado la tierra. En el caso de Henry Kissinger todos los rumores son ciertos, a esta persona se le atribuyen todo tipo de crímenes y aun así recibió un Nobel de la Paz.

Marilyn Monroe

Un signo súper inteligente, ingenioso y torturado en su interior (esto no tiene por qué pasar, pero en el caso de Marilyn así fue) que estuvo adelantado a su época y que fue malentendido. Una leyenda por las razones equivocadas, pero a quien la historia ha ido dando la razón poco a poco.

Bob Dylan

Él inventó el ser un chapas, pero también lo de tener un coco enorme. No es casualidad que sea el único cantante con un Nobel de Literatura. Cuando pienso en Géminis pienso en peña con mucha agilidad mental y me acuerdo de mi Bob Dylan favorito, el que contestaba a periodistas, el de *No Direction Home*.

Kendrick Lamar

Si hay un rapero que te dé la chapa, ese es Kendrick. Y no dice ninguna tontería. Kendrick no duda en meterse en un *beef*, para él representa una oportunidad perfecta de mostrar todo su ingenio a la hora de insultar.

Arthur Conan Doyle

Cómo no voy a hablar del personaje más listo entre los listos. El personaje más estratega y frío y, a la vez, encantador. Exacto, hablo de Sherlock Holmes. Además, Géminis también está relacionado con la adolescencia y, al menos en mi caso, esa es la etapa vital en la que empecé a leer su novelas.

Agnès Varda

Una mujer adelantada a su época: curiosa, creativa y muy crítica con la sociedad en la que le tocó vivir.

TUS MOMENTOS MÁS ODIOSOS

Lo tuyo, Géminis, es la evolución constante. Y si bien es una cualidad en muchos sentidos, también es una desventaja cuando se trata de relacionarte con las personas. La mayoría no entendemos por qué cambias de opinión de la noche a la mañana: un día te enamoras y luego te vas con el aire como si nada hubiera pasado. Eres muy difícil de leer porque no sabemos cuál de tus dos personalidades es la que se presentará al día siguiente.

Tu fobia a las rutinas complica más las cosas. A eso añádele tu terquedad, que dejas a la mitad los proyectos por esas ganas de saberlo todo, todo el tiempo, y que no dejas hablar a los demás porque le sacas brillo a tu don de la buena comunicación... Querido Géminis, quizá debas trabajar un poquito en la paciencia, para que no te termines aburriendo de todo a los dos minutos y peques de despreocupado y poco comprometido.

EL REGALO MENOS DESEADO

Un sofá. No tienes tiempo para perderlo recostado en un sillón mientras ves Netflix. Este regalo implica ser sedentario para usarlo y a ti te encanta volar, salir. Te pican las nalgas si te quedas quieto mucho tiempo, Géminis. El peor regalo que te pueden dar es un sinónimo de quédate quieto y no vueles más. Y si a la imposibilidad de desplazarte con libertad le sumas el pánico que te da aburrirte, este inocente objeto es la representación de todo lo que no eres en la vida, a menos, claro, de que sufras el atropello del amor.

EL COLMO DE LOS COLMOS

Imagina esta situación: estás feliz conociendo gente y te gusta un ser humano. Habláis toda la noche y te brillan los ojos porque ese es. Hasta aquí no pasa nada raro, siempre es el «amor de tu vida» y a los cinco minutos se te olvida. Pero ojo, porque si esta persona se queda pegada a tu cerebro como un chicle, ya te quieres casar y amarrarte para siempre. Sientes que es especial, que esta vez —como todas las otras— es diferente. Cuando termina la etapa del enamoramiento decides que no te gusta tanto (como los otros 855 «amores de tu vida») y terminas rompiendo corazones sin querer queriendo. ¿Quién te entiende, Géminis?

HOBBIES QUE ABORRECES

- Criar abejas.
- Cuidar bonsáis.
- Hacer conservas.
- Pescar.
- Ser un coleccionista de cucharas.

JAMÁS TE DISCULPARÁS POR...

- Confundirte de nombre en una situación sensible, como decir el nombre de tu ex en el altar.
- Armar la mejor fiesta y no ir.
- Manipular para conseguir lo que quieres y/o necesitas.
- Huir de un compromiso de cualquier tipo (a menos que tengas intenciones secretas y quieras volver dramáticamente).

ANTIMATCH

Todos los signos creen que son compatibles contigo, es que eres tan genial y haces que se sientan tan a gusto, Géminis, pero que no se crean, la amabilidad tiene fecha de vencimiento: tan pronto te sientas un poquito aburrido los mandas a su casa. Ahora, no te lo creas tanto tú, tampoco eres tan genial, te mueves tan rápido que mareas y tus cambios de personalidad no dejan que los demás confíen en ti, no porque vayas a contar los secretos, sino porque no saben con quién van a hablar esta vez.

Tauro

Los toros tienen ese humor inteligente que te maravilla, son callados y a ti te atrapa el misterio, pero no están para perder el tiempo y se quieren casar. Por otro lado, si quieres darte un revolcón, ellos tienen más reglas que el juego de cartas *UNO*, y si no está planeado, organizado y dentro de su calendario no va a pasar.

Capricornio

La mejor pelea cazada del zodiaco está entre la cabra y los gemelos. Ellos no entienden cómo es posible que existas y no sepas ni qué vas a desayunar. Son muy prácticos y, acéptalo, tú eres todo lo contrario. Ellos están anclados a la tierra y quieren que tú aterrices de una vez por todas, ¡por favor, ya no eres un niño para cambiar de opinión cada cinco minutos! Ahí te lo dejamos y a otra cosa, mariposa, que por ahí no es la cosa.

Cáncer

Por el bien de la humanidad, y la paz mental de los dos, no os involucréis. Cáncer tiene la idea de que proteger como una mamá es sinónimo de amor y es una mamá gallina que quiere siempre tener a sus pollitos contados y bajo sus dos alas. Tú eres libertad en todo, no te gusta sentirte amarrado, incluso te abruman si te mandan dos mensajes de texto en un mismo día. Imagínate que te pregunten: ¿dónde estás?, ¿a qué hora llegas?, ¿por qué vas a ir?, todos los días todo el día... si no les respondes a tus padres, mucho menos te vas a dejar adoptar por una pareja.

AMOR

¿CÓMO ERES EN EL AMOR, GÉMINIS?

La flexibilidad y el poder que tienes para encajar en cualquier parte te hace el mejor +1 para cualquier plan —obvio, que sea divertido—. Si las relaciones fueran contratos de prestación de servicios, tú podrías vivir con agenda llena y serías infinitamente feliz. Para ti encontrar pareja es lo más fácil del mundo, Géminis, pero otra cosa es mantenerla, pues en tu opinión es agotador hablar durante más de 10 minutos de lo mismo (claro, si no te interesa). Y no es que no quieras pareja, es que te pasas el día tan metido en las fantasías de tu cabeza que cuando abres los ojos solo ves a un humano y no a ese dios que te inventaste.

Tu vida amorosa es parecida a las películas de Disney: siempre acaba cuando logran estar juntos. A ti te encanta perseguir, superar obstáculos, desenredar y descifrar al otro, pero si el acertijo es muy fácil, no puedes seguir ahí. Si no hay desafío te aburres. ¿Has intentado salir con un payaso de circo? Es posible que por ahí esté tu felicidad. ¡Ah!, pero si no es interesante, tampoco funciona. ¡Ah!, pero si no le gusta el sexo tanto como a ti, tampoco. ¡Ah!, pero, pero, pero... ¡qué remilgado! ¡Qué cansancio ser tú!, te compadecemos, Géminis. Pero anímate, no tienes memoria suficiente para acordarte de por qué estás triste.

En el sexo todo lo nuevo, lo intenso, lo que no es común para ti te pone a volar. Has inventado reglas para no ser infiel, por ejemplo: si no están en el mismo código de área, no vale; si como Rachel y Ross —de *Friends*— estaban dándose un tiempo, no cuenta; y si el otro no se entera, te ganas el premio a la mejor pareja. Pero te llega el amor y la fidelidad aparece por arte de magia, ni siquiera te esfuerzas. Hasta te asustas de ti y te preguntas si es una enfermedad o si estás traicionando al espíritu libre que no se deja amarrar por nadie.

LO QUE NO HARÍAS NI POR AMOR

Puedes estar convencido de que ese es y no hay vuelta atrás; es más, le pides a Tauro que te preste el anillo con el que sale a ligar, porque ese es. Pero si te pone hora de llegada, te reclama por no contestar y le parece el colmo que hables con tanta gente del sexo opuesto, no tienes cómo quedarte. La asfixia solo tiene sentido para ti en un experimento juguetón y caliente.

Tampoco te quedas en una relación en la que el trabajo y ganar dinero son más importantes que pasar tiempo juntos, para eso tienes lo tuyo. Y aunque los lujos son una maravilla, no te vendes. Si no te da toda su atención, te aburres, y ya sabemos que esa es la palabra más temida por ti.

AHÓRRATE LA TERAPIA

Oye, mariposa de la fiesta, si ya te dejaste atrapar, esto es para ti: ya sabemos que eres el rey de la comunicación, pero la idea no es ganar. Una relación está para pasárselo muy bien y para compartir con otro que no seas tú. Deja de moverte como un loco y aprende a aburrirte. Sí, ya eres un adulto y la vida no es solamente una fiesta. No es un pecado mortal quedarse en casa un viernes por la noche —un solo viernes, no es que vivas en un convento—; respira, que no te va a pasar nada.

Géminis, no acabes con la relación solo porque no te ha dado el besito de la mañana. Sabemos que todo te abruma y te cansa, pero si esa persona se va y no te sigue tus berrinches, recuerda que no se ha inventado la máquina del tiempo y la vas a perder. Te advertimos: te vas a arrepentir, te pasa siempre y no aprendes, es como un disco rayado. Lo más cercano a viajar en el tiempo es disfrutar el maravilloso presente y no hacer un drama por nada.

¿CÓMO APLICAS EL *GHOSTING*?

Tú haces *ghosting* sin darte cuenta de que lo estás haciendo, Géminis. Es más, en tu cabeza quieres responder, pero llega otro mensaje y se te olvida.

Asimismo, lo haces cuando te sientes asfixiado porque te saludan por la mañana y se despiden por la noche —que ya es demasiado para ti, sobre todo si no te gusta—. La persona que te escriba tiene que ponerte atención, mostrar interés y no ser intensa. Es como si siempre tuviera que leerte el pensamiento e incluso adivinar lo que todavía no sabes que quieres. Para ti parece muy simple, pero para las demás personas es supercomplicado, ¡ubícate!

TU MEJOR LIGUE PARA UNA SOLA NOCHE

Sabemos lo que vas a pensar, Géminis. «Esta gente está loca, ¿cómo se les ocurre si ni tenemos algo en común?». Pero pon mucha atención: a ti te apasionan las experiencias diferentes y Tauro es bien diferente de todo lo que conoces. Te recomendamos que te dejes llevar por sus pasiones sensoriales y te dejes complacer, va a ser una sorpresa de esas que te gustan, pero no te vayas a enamorar que por ahí no es.

De nada, sabíamos que iba a funcionar por una sola noche.

TU AMANTE IDEAL

Libra es perfecto, uno de los tuyos. Es aire, espontáneo, aman estar contigo tanto como sus espacios de soledad. Estos personajes saben cuál es la justa medida del compromiso y no te están pisando los talones para que des más de lo que quieres y puedes. Además, la creatividad de los dos signos es la solución para el aburrimiento. Estarás tan libre que no querrás irte y por fin podrás ser una de esas personas cursis y pegajosas de las que tanto te burlas.

¿QUIÉN ES TU PEOR AMANTE?

Es difícil elegirte un peor amante porque a ti te gusta probar todo y tienes la mente abierta, muy abierta, intimidantemente abierta. Pero si tenemos que escoger uno para ti, ese sería Aries. Este no soporta la lentitud, a ti te puede parecer divertida y todas las experiencias nuevas te hacen volar. Pero no queremos ser más repetitivos ni recordarte a ninguna cabra del monte que ande por allí.

CÓMO NO ABURRIRTE, GÉMINIS

¡Aaah, muy sencillo! No tienen que hacer mucho, Géminis, tú te aburres con una facilidad preocupante, pero quienes quieran tener éxito en aburrirte tendrán que hablar de lo que menos te gusta, adularse a ellos mismos o simplemente ser personas normales, sin desequilibrios mentales, ni personalidades extravagantes. La inteligencia te gusta, pero los intelectuales, meh.

COMO EX ERES...

Un Géminis no tiene ex, tiene una lista de contactos. Nunca estás cien por cien seguro de querer mandarlo todo al demonio —aunque lo hagas—. Te gusta llamar para pasar lista, calentar los ánimos y saber que no te han olvidado. Después sigues con tu vida y los dejas «en visto» hasta que te aburres otra vez.

PARA QUE TE SOPORTES

- La realidad también tiene encantos y los defectos son parte de la vida. No eres el único al que todos tienen que entender y acompañar.
- Ser inteligente es un regalo que te dieron, no es algo que hayas cultivado, no te lo creas. O créetelo, para eso eres Géminis.
- La vida es lo que pasa aquí; los sueños son geniales, pero aterriza, bolita de aire, que te estás perdiendo de lo que sí se puede tocar.
- Cuando la gente te conoce no tiene idea de las múltiples personalidades que habitan en ti. Sé prudente y trata de mantener tus cambios de humor a raya. ¡No liberes a los kraken a la primera!
- Sabemos que te cuesta mucho apreciar lo que tienes y te das cuenta de ello cuando lo pierdes. Así que antes de cualquier cosa, respira y piensa un microsegundo qué es lo que vas a hacer.

DINERO

GÉMINIS Y EL DINERO

Para gastar, Géminis, les haces honor a los gemelos de tu signo: tienes una doble personalidad, bueno, en realidad tienes dos versiones en todas las áreas de tu vida. Contigo nunca sabremos cómo están tus finanzas. En el multiverso geminiano, tu forma de gastar dependerá del momento específico en el que te encuentres.

Si el gemelo travieso es el que está a cargo, pues agarraos los bolsillos porque un meteorito chocará en tres... dos... uno... Con tu impulsividad al cien por ciento, no tendrás ningún reparo en gastar a diestra y siniestra. ¿Cuál es tu prioridad? Vivir al máximo, pasarlo bien y disfrutar. Y si es con amigos, mejor. Conciertos, comida, ropa, viajes... lo que venga.

En cambio, si estamos en un momento donde manda el gemelo más controlador, la historia será otra. Querrás saber cuánto dinero entra, cuánto sale, y si tienes que ajustarte el cinturón estarás dispuesto a hacerlo. Obviamente, hasta que tu gemelo loco vuelva a entrar en escena.

NI POR TODO EL DINERO DEL MUNDO

Odias trabajar solo, Géminis. Entre gitanos no nos vamos a leer las manos. Lo tuyo es ser expansivo, tener audiencia, y mientras más grande, mejor. Tu capacidad de enterarte de lo que está pasando en todo y con todos, además de tu gran capacidad para relacionarte con quien sea, te hacen un excelente candidato para las carreras de comunicación. Por eso, aléjate de carreras como bibliotecnología o ser técnico en un laboratorio clínico.

Tampoco te recomendamos que seas ensamblador en una fábrica de recambios, por ejemplo, pues tu necesidad de hablar te podría llevar a distraerte y poner una pieza por otra, ¡cuidado!

TALENTOS ESCONDIDOS PARA TRABAJOS IDÍLICOS

Sufres de un grave trastorno de enciclopeditis; eres como un Google humano, Géminis. Aunque a muchos les pueda parecer que eres un acumulador de datos, eso te podría ayudar en trabajos de negociación, manejo de conflictos y hasta diplomacia.

Ahora, lo tuyo es ser escritor. Y naciste con las estrellas alineadas para que seas uno de éxito. Si no, pregúntales a algunos de los premios Nobel geminianos: Orhan Pamuk (2006), Saul Bellow (1976), Yasunari Kawabata (1968), Jean-Paul Sartre (1964), William Butler Yeats (1923), entre otros.

¿Venderles hielo a los esquimales? Que te llamen y considérenlo hecho. Sabes qué decir, cómo decirlo y a quién decírselo para lograr lo que te propones. Eres un vendedor nato, aunque también podrías ser profesor, mentor, *coach*, entrenador o guía turístico te viene bien.

¿EN QUÉ NO GASTAS TU DINERO?

Depende del gemelo que en ese momento esté ocupando el puesto de mando. Pero, en general, en nada que no implique una gran fiesta —mejor si es de disfraces— o unas buenas vacaciones en un lugar digno de la serie *The White Lotus*, las exóticas islas Maldivas, un emirato con todo el lujo árabe a tu disposición o el tradicional, y no menos maravilloso, Ritz de París.

¿CÓMO INVIERTES, GÉMINIS?

De tín, marín... de do, pingüé... no sé qué escoger... así que ya fue. Compusimos una canción para ti, Géminis, porque a veces sobreanalizas TODO y esas dudas te hacen perder buenas oportunidades de inversión. Serás muy impulsivo para algunas cosas, pero tomar decisiones serias sobre tus finanzas te cuesta un montón. Una gran opción es trabajar con un asesor financiero que te acompañe a determinar y resolver.

La adrenalina de ganar dinero te seduce, y ¿hay algo más emocionante que ganártelo en el casino? Por eso eres de los que da un gran *show* cuando apuestas: siempre es todo o nada. Y aunque puede que a veces hayas ganado el premio gordo, no pierdas de vista cuántas veces también te quedaste en la quiebra.

PARA QUE TE SOPORTES

Como ya sabemos que una de tus personalidades es ser un despilfarrador, no estaría de más ayudarte a que ese otro tú no se arruine cada dos por tres. Aquí van algunas ideas:

- Destina al mes una cantidad fija a tus gastos, te dará la sensación de tener un poco de control sobre ellos y evitará que derroches sin sentido. «*Quid pro quo*, Clarice», diría Hannibal Lecter.
- Dale gusto a tu gemelo travieso y concédete algún que otro capricho. Pero hemos dicho *algún que otro*, no TODO lo que se te ocurra. Algo como un postre, un libro o un perfume delicioso en versión mini.
- También dale gusto a tu gemelo bueno y abre una cuenta de depósito automático a plazo fijo o una cuenta de jubilación. Recuerda, pan para mayo, Géminis.

SALUD

MERCURIO, PLANETA DE NERVIOS

Situación sentimental: permanentemente en crisis. ¿A quién queremos engañar, Géminis? Las idas y vueltas de tu vida están para inspirar un capítulo de *La Rosa de Guadalupe*. O hasta para enseñarle surrealismo al mismísimo Dalí. Y es que Mercurio es en parte responsable de que siempre andes con los nervios de punta. Tu planeta regente se asocia al sistema nervioso, la respiración y la conexión mente-cuerpo —ahora es el momento de hacer una captura y mandársela a todos esos que se burlaban diciéndote que te estabas inventando molestias—. *The pain is real.*

Échale una mano a tu sistema nervioso comiendo pescado, mariscos, toronja, manzanas y pasas. Comienza con la meditación o el *journaling*. Y, a menos que quieras sufrir una crisis de estrés, bájale a tus dosis de café y despídete de los energizantes. Es eso o arriesgarte a achicharrar tu sistema nervioso con un *shock* eléctrico.

DEPORTES

Si quieres perder la cabeza, pues que te manden a hacer *running*, natación o golf; en cualquiera de estos deportes estáis tú, tu soledad y todo el tiempo de sobra para darle la bienvenida al montón de pensamientos intrusivos. Ahora, si lo que te gusta es repasar y cuestionar todas las decisiones que tomaste desde el inicio de los tiempos hasta ahora, también puedes intentar con el ciclismo, las caminatas largas o alguna prueba de atletismo de fondo.

Y es que, Géminis, la receta para llevarte a la locura es practicar un deporte sin compañeros con quienes hablar o compartir. Ahora, si lo que quieres es socializar, y de paso moverte un poco, decídete por una actividad en equipo como fútbol, balonmano, voleibol o tenis en parejas.

CUENTA HASTA 10, GÉMINIS

¿Te mandaron callar o quedarte quieto? ¿Te dijeron que cambias de opinión como de ropa interior? Pues pásales el chaleco antibalas, que debes de estar por ametrallarlos a insultos. Sigue cualquiera de estos tips antes de darle rienda suelta a esa lengua tuya sin pelos para no terminar sintiéndote culpable:

- Tómate un tiempo fuera. No tienes el guante de Thanos para hacer desaparecer a las personas que te hacen perder la paciencia —¡qué lástima!—, así que tendrás que ser tú quien desaparezca. Es por tu bien (y también por el del resto).
- Ponte una de esas *playlists* tuyas que tanto te gustan y sube el volumen.
- Métete a una de tus cuentas favoritas de memes o mira *loops* interminables de TikTok.
- Llama a tu *bestie*, id por unos dulces, unas pizzas o unas birras. Todo sirve.

TUS FRASES MÁS ARROGANTES

- No te quiero interrumpir, pero es que me aburres...
- Debería cobrar por mis consejos.
- No es que sea cotilla, pero ¿te has enterado de que...?

LO QUE TE QUITA EL SUEÑO

Pobre de ti si tienes una decisión pendiente por tomar, Géminis; esa sí que es la forma más rápida de despedirte de tus ocho horas de sueño. Ni qué decir si estás pasando por tu crisis existencial número 1.248.397.641. Es más fácil armar un rompecabezas 3D de un millón de piezas que ponerte a tratar de entender la lógica detrás de tus acciones.

Enterarte por las historias de Instagram de que tus amigos han hecho algún plan y no te han invitado, también llama a una noche de insomnio. Ahora, si de verdad planeas desvelarte como si hubieras visto la peor peli de terror de tu vida, basta que empieces a imaginar todos los escenarios posibles —o imposibles— que pueden surgir de cualquier situación. Qué multiversos de Marvel ni qué ocho cuartos; tú, Géminis, inventaste las dimensiones alternas.

PARA QUE TE SOPORTES

ADVERTENCIA: Esto podría herir susceptibilidades geminianas. Lee ateniéndote a las consecuencias.

- ¿Estás al borde de tu tercer *meltdown* del día? Es hora de empezar a armar tu kit antiestrés: descárgate una app de meditación, aunque solo la tengas ocupándote memoria del móvil; arranca con el *journaling,* aunque solo uses las hojas para garabatear; y ten siempre a mano una bolita antiestrés para apretarla como si fuera la última persona que se atrevió a llamarte inestable.
- «Ene-o = NO». Dícese del adverbio que expresa negación. A ver si presentándote esta nueva palabra aprendes a dejar de decirle que sí a todo el mundo para después terminar colapsando por tu lista de pendientes.

RITUALES EFECTIVOS

PARA DEJAR DE SOBREANALIZARLO TODO

Cuando estás con el impulsivo-*mode* activado, vuelas como un cohete; pero basta que sobrepienses para que te rayes peor que un CD de los noventa. Es importante pensar bien las decisiones y no meter la pata, pero ¿te parece necesario convocar un cónclave cada vez que no sabes qué ponerte? Tu comedura de cabeza te paraliza, Géminis, y todos sabemos lo mucho que odias tener pendientes en tu lista.

Tu ritual para evitar sobreanalizar todo es el siguiente:

- Escribe en varios papelitos estas frases: «¡Vamos con todo!», «Ni hablar», «Sí, pero con cuidado», «Mejor no», «Pregúntale a tu amigo».
- Dobla los papelitos y mételos en una bolsa.
- Cada vez que estés dándole vueltas a algo sin parar, di la pregunta en voz alta, saca un papelito y que el universo decida por ti o nunca lo harás.

PARA QUE SE ENAMORE PERDIDAMENTE DE TI

Es fácil hacer que te quieran, Géminis. Aquí lo importante es que seas tú el que tenga ganas de quedarse. Si de verdad te enganchaste a una persona y quieres asegurarte de que sea de ida y vuelta, sigue esta guía paso por paso:

- Aguántate las ganas locas de saber absolutamente TODO de la otra persona desde la primera cita. Eres capaz de preguntarle hasta cómo se enamoraron sus padres, cuál era el nombre de su jardín de infancia y por qué terminaron las cosas con su ex, y eso es demasiado para un primer encuentro.
- ¡No monopolices la conversación!
- Déjate fluir y usa tu sentido del humor. Quizá al principio convenga bajar un par de rayitas a tu ironía y acidez.

PARA QUE NUNCA ENFERMES

Cómprate unas ramitas de eucalipto y tenlas en tu botiquín de emergencias para Géminis enfermizos.

- Si estás estresado, báñate con agua caliente y cuelga las ramas en la ducha para que los vapores te bajen las revoluciones. Ahora, si tienes una tina, remójate con sus hojas en un baño delicioso hasta que tu mente se haya apagado o la piel de los dedos se te ponga como una pasa, lo que ocurra primero.
- Si te quedaste sin voz de tanta fiesta, o estás con tos, hierve las hojas y prepárate un té. Échale una cucharadita de miel para un mejor efecto.
- Si se te hincharon los pies por ir de un lado para el otro, remójalos en agua caliente y hojas de eucalipto.

Bonus track: ¿para qué mentirnos? Sabemos que llueva o truene, vas a salir de todos modos. Hazte un favor y al menos sécate el pelo y abrígate bien.

OBJETO DE PROTECCIÓN

El que tenga ganas de morir... que te llame bipolar. Estás harto de esta etiqueta. Tú, Géminis, eres multifacético, flexible, versátil. Toda una caja de sorpresas. Ese balance está representado por el *yin yang*, y por eso es tu objeto de protección. Este símbolo te permitirá equilibrar tu volatilidad: manejar mejor tus altibajos —o, por lo menos, que no te vuelvas loco con tanto subibaja—. Para montañas rusas están los parques de diversiones, no tu vida. Hay MIL accesorios con su imagen que puedes llevar contigo. ¿Y en casa? Convierte en realidad el *yin yang* aplicando los principios del *feng shui*.

TALISMÁN

Antes muerto que solo en casa un sábado por la noche. Si es así, el FOMO (*Fear Of Missing Out*) podría figurar como tu causa de muerte. Y es que solo bajo tierra dejarás de participar en todo evento, cena, *kermesse*, feria, fiesta patronal, desfile, comida, reunión o *baby shower* que aparezca.

Como el farandulero del zodiaco que eres, tu talismán es la mariposa. Esa que siempre anda revoloteando por ahí y representa la transformación, la celebración, la expansión; la que te anima a desplegar las alas y volar. Ten una mariposa amarilla o dorada en un llavero, unos aretes, un colgante, una imagen en tu billetera o hasta un tatuaje.

AMULETO

Puede que pienses las cosas miles de veces, pero cuando llega el final de verdad el miedo nunca te paraliza. Sí o sí terminarás dando el paso o, por último, lanzando los dados para que decida la fortuna. Por eso, estos objetos se convierten en tu amuleto de la buena suerte. Eso sí, nunca uno, siempre dos, como los gemelos.

Llevar unos dados como aretes es una buena idea, aprovechando que las orejas son dos. También como un colgante o, ¿por qué no?, colgar unos dados enormes de peluche en el coche o en tu cuarto.

PRUEBA

TU PRIMER ELEMENTO

A continuación, un test para saber si eres un Géminis de tomo y lomo. Una forma infalible de descubrir si estás alineado con tu signo solar. Cinco preguntas sobre tu personalidad que revelarán el verdadero Géminis que eres (o no):

1. Entras en una fiesta y... ¿qué es lo primero que haces?

A) Saludas a todo el mundo y sueltas la frase más ingeniosa que se escuchará en toda la noche.

B) Te escondes en un rincón y miras el móvil.

C) Vas directa a tus dos amigas de siempre y no te separas de ellas en toda la noche.

2. Vuelves al colegio y tienes que hacer una presentación delante de la clase, pero no te acabas de aprender tu parte. ¿Cómo termina la situación?

A) Soy una presentadora nata, sacaría todo mi desparpajo y lo solucionaría sobre la marcha.

B) Me pondría tan nerviosa que la fastidiaría incluso en las partes que me sé.

C) Conseguiría seducir al personal y lo solucionaría más o menos, pero el mal rato no me lo quitaría nada. Eso sí, al menos no suspendería...

3. ¿Tienes algún tema que domines a la perfección y que puedas enseñar a nivel universitario?

A) Por supuesto, estoy segura de que soy la persona que más sabe sobre la política exterior de Finlandia.

B) No, como mucho tengo algunos temas de los que sé un poco, pero nada exagerado.

C) Sé un poco de todo, pero de forma muy general y superficial.

4. Ir de viaje contigo es...

A) Algo muy divertido, me encantan las aventuras, improvisar y hago muchas bromas todo el rato. Nadie se aburre conmigo.

B) Me quejo mucho y me agobia ir a sitios con demasiada gente. Prefiero estar en casa.

C) Muy normal. Vamos a los monumentos y al restaurante mejor puntuado por Google.

5. ¿Cómo es tener una conversación de ascensor contigo?

A) Hablo por los codos y de cualquier tema, no me importa hablar del tiempo con cualquier vecino.

B) Terrible.

C) Lo intento evitar, me aburro si hablo de cosas demasiado nimias.

RESULTADOS

A: Te deberían multar por ser tan Géminis. Eres social, aventurera, sabes improvisar, tienes el don de la palabra, curiosa y nunca aburrida.

B: Eres demasiado asocial y casero como para ser Géminis, pero te llevarías genial con Cáncer o Piscis.

C: Quizás puedes llegar a ser un poco aburrida, lo cual no es malo, pero no es el estilo de Géminis.

TU SEGUNDO ELEMENTO

Es posible que hayas nacido Géminis, pero todas las variables de tu carta astral te hacen tener matices que no te cuadran con algunas descripciones de tu signo. «Ya decía yo que todo esto no es cierto, me engañaron, esto se lo inventaron...». ¡PARA! Respira. Lo que queremos decir es que es posible que tu personalidad tenga influencias de otros elementos y eso significa que no todo es blanco o negro a la hora de ser humano, y esta prueba te puede ayudar a conocerte mejor, saber cuáles son esas pizcas de los otros elementos que te hacen único y también te ayudan a entender de dónde salen esas actitudes rígidas y controladoras, pero que son tan naturales en ti. Géminis, ya sabes que siempre andas en las nubes y que hacerte pisar tierra es casi una misión imposible. Te lo dice el aire, tu elemento, pero ¿sabes si tienes otro que también influencia tu vida o eres pura ráfaga de viento?

Esta prueba está diseñada para que evalúes la porción que tienes de cada elemento y puedas equilibrar lo que te gusta y lo que no te gusta; averiguar de dónde salen esas reacciones tan poco propias de Géminis o, por el contrario, confirmar que eres aire hasta la médula. Asigna un punto por respuesta positiva. Y si no eres ni uno ni otro, pues asigna medio punto por respuesta.

	SÍ	NO	A VECES
FUEGO			
¿Vives la vida a lo grande, sin reservas, sin importar lo que pase a tu alrededor?			
¿Eres auténtico, directo, dices lo que piensas y no dejas que nadie se imponga sobre ti?			
¿Eres el líder natural de todos tus círculos por ser el que planea, motiva y, a veces, manda hasta sin darse cuenta?			
Si alguien te cuestiona, ¿haces todo lo posible para demostrar quién es el que manda?			
¿Es inevitable para ti pensar que tu felicidad es lo más importante del «mundo mundial» y todo lo que se interponga entre tu felicidad y tú debe ser eliminado?			
Cuando hablas, ¿tienes un impulso descontrolado y dices todo lo que se te pasa por la cabeza sin pensar en las consecuencias?			
TIERRA			
¿Tus acciones son gobernadas por la lógica y no permites que los sentimientos interfieran en tus decisiones?			
¿Tienes síndrome del árbol? (Quieres sentarte en la misma silla, ordenar las cosas de igual manera en todos tus asuntos, es difícil pensar en una mudanza o en cambios drásticos repentinos.)			

	SÍ	NO	A VECES
¿Te gusta más tener un recuerdo físico y palpable que una loca experiencia?			
¿Eres apegado a tus pertenencias y podrías dedicarte a ser un coleccionista profesional?			
¿La disciplina es una característica fundamental para tener éxito en cualquier aspecto de la vida? (Hasta para la diversión creas reglas.)			
¿Podrías anteponer tu bienestar laboral a tu vida personal o tus gustos?			
AGUA			
¿Tus sentimientos mandan en tu vida? (Mejor dicho, ¿eres *drama queen?)*			
¿Piensas que nadie puede entender lo profundo de tus sentimientos?, ¿que los demás no sienten igual?			
¿Te es más fácil llorar que anudarte los cordones?			
Y aun con lágrimas en los ojos, ¿sientes que puedes con todo y que nada puede destruirte?			
A la hora del amor, ¿eres un romántico empedernido y tu pareja se convierte en el centro de tu vida?			
¿La palabra *infidelidad* te suena rarísima y no sabes ni siquiera cómo alguien puede pensar en otra persona que no sea su pareja?			

	SÍ	NO	A VECES
AIRE			
¿Tu gran pasión está en cómo puedes decir o entender todo lo que pasa a tu alrededor?			
¿Eres el alma de la fiesta y respiras vida social?			
¿Calculas todo, piensas demasiado y, muchas veces, esos pensamientos no llegan a concretarse?			
¿Puedes sostener una conversación de lo que sea, con quien sea, sin ningún tipo de problema?			
¿Solamente pensar en que vas a estar en el mismo lugar durante mucho tiempo te eriza la piel y sientes horror?			
Cuando hablas con personas, ¿a menudo te dicen que se sienten comprendidas?			

¿Cuál fue tu mayor puntuación? Suma los puntos y descubre tu resultado en las siguientes páginas.

RESULTADOS

Mayoría de fuego

Tu aire no hace más que avivar el fuego; una combinación sin límites así como poderosa, también es muy peligrosa. Cuidado con pasarte de la raya y transformarte de una ligera y agradable brisa a una bola de fuego que surca por los aires. Tu personalidad fuerte se compara con el sol: a veces calientas y otras chamuscas. Y es que con el fuego encendido, tu impulsividad no hará más que arder y arder. Te gusta vivir al límite y te concentras con tanta intensidad en lo que quieres que, muchas veces, actúas sin siquiera percatarte de lo que pasa a tu alrededor y las víctimas colaterales que dejas regadas por ahí.

Los signos de fuego son: Aries, Leo y Sagitario.

Mayoría de tierra

Qué bien que tengas un poquito de tierra, porque andar volando por los aires toda la vida puede ser sinónimo de hacer daño, aunque sea sin intención, y ya sabemos que para sentimiento de culpabilidad y darle mil vueltas a las cosas eres el número uno.

Tu carácter es fuerte y sólido; a ti no se te pasan tan rápido los problemas y dependiendo de con qué pie te levantaste de la cama podrás hacer de eso un escándalo o no. En la cama eres un camaleón: un día prefieres un toqueteo largo y disfrutar sin prisa y al otro quieres probar un curso avanzado del kamasutra. Eres estable y disciplinado, algunos dirían que cuadriculado o terco. Quieres que te dejen ser libre, pero a la vez puede no gustarte que tu otra mitad haga lo mismo. Y es que lo tuyo, es tuyo.

Los signos de tierra son: Tauro, Virgo y Capricornio.

Mayoría de agua

Vas por la vida dejando fluir tu personalidad. Y es que, si al aire o al agua les das un centímetro, se cuelan por cualquier rincón. Pero, que no se confundan, no es que seas moldeable ni voluble, es que eres adaptativo. Las emociones manejan la PlayStation de tu vida, no importa si es para arriba con la alegría o el amor o para abajo con la frustración y la tristeza. Todo lo sentirás con mucha intensidad y siempre haces lo que te dice el corazón —o la falta de él, si lo que toca es odiar—. Tus reacciones pueden ser en extremo dramáticas cuando se trata de los sentimientos, pero siempre vuelves a tu centro transparente, cambiante, resistente y leal.

Los signos de agua son: Cáncer, Escorpio y Piscis.

Mayoría de aire

Eres un tornado que lo revuelve todo: un día quieres aprender a tejer, otro día quieres salvar a las abejas y al otro, aprender a mezclar como DJ. Probar, experimentar y elegir TODAS las posibilidades es lo que te llama. Eso sí, tener tantas cosas en la cabeza al mismo tiempo hace que andes en las nubes y te cueste concentrarte en una sola.

Tienes un posgrado en socializar y por eso puedes ponerte en los zapatos de cualquiera, todas las tallas te quedan bien. No toleras el aburrimiento, necesitas espacio y aire para no ahogarte; y es que la vida es una sola y no da para aburrirse por nada ni nadie. Eres el más rápido pasando la página, los traumas duran lo que te acuerdes (que es más bien poco).

Los signos de aire son: Géminis, Libra y Acuario.

Querido Géminis, después de todo lo que hemos dicho en este libro, de cómo hemos descrito y desvelado los más íntimos secretos de tu personalidad (eso que ni a ti te gusta admitir o que no habías notado de manera consciente), creemos que esta prueba te ha enseñado que no debes ser tan inflexible con los extremos, sino que hay una enorme escala de grises en medio.

Ya que has sobrevivido a esta cantidad desproporcionada de verdades sin adornos, como te gusta, piensa en este libro como un manual de consulta al que puedes volver cada vez que se te olvide lo sorprendente, polifacético, comprensivo, gracioso, creativo y libre que eres. Si te gusta seguir el horóscopo, seguro que te gustará conocer más de tu ascendente, tu Luna, y cómo entender los pedazos que no te encajan del todo. Si es así, no dudes en consultar los otros signos para acabar de soportarte a ti mismo.

GLOSARIO

Planeta regente, Mercurio retrógrado, signo ascendente... Respira hondo y no te desesperes. Hemos preparado un glosario para que entiendas mejor los términos.

Signo solar

El que le preguntas a tu *crush* y que siempre consultas en el horóscopo. Se define teniendo en cuenta en qué constelación se encontraba el Sol, el día y mes en que naciste.

Carta astral

Es la «foto» de cómo estaba el cielo aquel preciso instante en el que naciste. Con ella conocerás la posición exacta de los planetas: tu signo solar, tu ascendente y descendente, así como características únicas.

Signo ascendente

Representa la forma en la que te acercas a la vida y cómo te perciben los demás. Se define teniendo en cuenta qué signo asomaba por el horizonte al momento de nacer. Para saber cuál es el tuyo necesitas tu carta astral.

Signo descendente

Tu signo descendente —al ser el opuesto a tu ascendente— representa a tu posible compañero de vida. Calcúlalo de forma fácil: están a seis signos de distancia uno del otro. Conocerlo te ayudará a entender mejor a tu pareja y lo que buscas o encontrarás en ella.

Mercurio retrógrado

Este fenómeno se da cuando este planeta pareciera quedarse quieto e ir en retroceso, en «retrogradación». Y como Mercurio es el responsable de la comunicación, los malentendidos y desacuerdos están a la orden.

Planeta regente

Cada signo del zodiaco vibra de forma particular con un planeta del sistema solar o sus astros, y esa afinidad energética es la que define el planeta correspondiente a tu signo.

Elementos

La tierra, el fuego, el aire y el agua son los cuatro elementos de la astrología y cada signo del zodiaco está relacionado con uno de ellos. Los signos de tierra son cuadrados y confiables. Los de fuego son pura chispa, y con energía. Los signos de aire son visionarios y rápidos de pensamiento; y los de agua destacan por su intuición y sensibilidad.